DE LA

CAUSE DES OBLIGATIONS

DANS LES

CONTRATS SYNALLAGMATIQUES

PAR

Raoul VILLON

AVOCAT A LA COUR D'APPEL DE PARIS

PARIS

ANCIENNE LIBRAIRIE THORIN ET FILS

ALBERT FONTEMOING, EDITEUR

Libraire des Écoles françaises d'Athènes et de Rome,
du Collège de France, de l'École Normale Supérieure
et de la Société des Etudes historiques

4, RUE LE GOFF, 4

—

1900

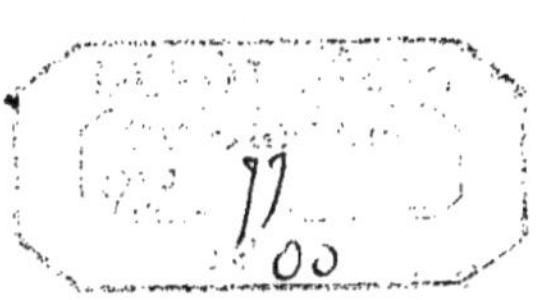

DE

LA CAUSE DES OBLIGATIONS

DANS

LES CONTRATS SYNALLAGMATIQUES

Extrait de la *Revue générale du droit*.

TOULOUSE. — IMPRIMERIE A. CHAUVIN ET FILS, RUE DES SALENQUES, 28.

DE LA
CAUSE DES OBLIGATIONS

DANS LES

CONTRATS SYNALLAGMATIQUES

PAR

Raoul VILLON

AVOCAT A LA COUR D'APPEL DE PARIS

PARIS

ANCIENNE LIBRAIRIE THORIN ET FILS

ALBERT FONTEMOING, EDITEUR

Libraire des Écoles françaises d'Athènes et de Rome,
du Collège de France, de l'École Normale Supérieure
et de la Société des Etudes historiques

4, RUE LE GOFF, 4

1900

DE

LA CAUSE DES OBLIGATIONS

DANS

LES CONTRATS SYNALLAGMATIQUES

———

La cause est une des conditions essentielles requises par l'article 1108, livre III, titre III du Code civil pour l'existence des conventions.

Si nous nous reportons à la section IV du même titre, intitulée « De la cause, » nous trouvons l'article 1131 qui nous parle de la cause dans l'obligation et l'article 1132 qui parle de la cause dans la convention. Il est admis par la doctrine que le législateur a commis une confusion entre le contrat et l'obligation, et qu'il a, dans les articles cités, entendu traiter de la cause de l'obligation. C'est un point que nous considérons comme acquis, et nous savons, dès lors, que l'obligation, pour prendre naissance, doit avoir une cause réelle et licite, exprimée ou non dans le contrat.

Où la difficulté que nous nous proposons d'étudier commence, c'est dans la recherche des causes des différentes obligations.

D'abord, qu'est-ce que la cause d'une obligation? **M. Baudry-**Lacantinerie nous donne une définition qui nous paraît satisfaisante. D'après lui, la cause est le but immédiat et par conséquent essentiel en vue duquel on contracte, *id quod inducit ad contrahendum*. C'est la raison d'être de l'obligation, son pourquoi, la réponse à la question *cur debetur*. Nous soulignons l'expression de but immédiat et essentiel qui est le trait caractéristique de la cause et la différencie du simple motif ou but médiat et accidentel. Il nous paraît inutile d'insister sur ce point qui ne soulève aucune difficulté et est suffisamment connu des lecteurs.

Que si nous nous demandons maintenant où trouver la cause d'une obligation, l'opinion la plus accréditée nous répondra ; il faut distinguer suivant qu'il s'agit de contrats synallagmatiques ou de contrats unilatéraux.

Dans les contrats synallagmatiques, nous dit-on, la cause de l'obligation de l'une des parties est l'obligation de l'autre. Ainsi, dans la vente, la cause de l'obligation de transférer la propriété que contracte le vendeur sera l'obligation contractée par l'acheteur de lui fournir le prix, et la cause de l'obligation de payer le prix que contracte l'acheteur sera l'obligation contractée par le vendeur de lui transférer la propriété.

Dans les contrats unilatéraux, plus de règle fixe.

S'agit-il, par exemple, d'un prêt, on dira que l'obligation de rendre de l'emprunteur a pour cause la prestation qui lui a été faite.

S'agit-il d'une donation, on dira que l'obligation du donateur a pour cause une simple pensée de bienveillance.

C'est cette théorie que nous nous proposons de réfuter.

Tout d'abord, nous croyons que la distinction entre les contrats synallagmatiques et les contrats unilatéraux, au point de vue de la cause, est inutile.

En effet, partout ou une seule règle peut suffire, il est inutile d'en introduire deux. Or, nous prétendons que le raisonnement qui nous fait découvrir la cause de l'obligation lorsqu'il s'agit de la seule obligation née d'un contrat unilatéral, ce même raisonnement doit nous suffire à rechercher la cause de chacune des obligations nées d'un contrat bilatéral. Nous ne devons pas, sous le prétexte que nous sommes en présence de deux obligations au lieu d'une, chercher leur cause dans un rapport de ces deux obligations quand nous pouvons la trouver ailleurs. Nous sommes bien obligés de la trouver ailleurs, dans le contrat unilatéral, où il n'y a qu'une seule obligation ; nous le pouvons aussi dans le contrat bilatéral.

Le contrat synallagmatique ou bilatéral peut s'analyser en deux contrats unilatéraux engendrant chacun une obligation. Nous disons que chacune de ces obligations a une cause propre, indépendante de l'engagement de l'autre partie, une cause analogue à celle née d'un contrat unilatéral ordinaire, et qu'on ne voit pas pourquoi la présence d'une seconde obligation rendrait l'obligation considérée incapable de trouver sa propre cause en dehors de cette seconde obligation. Ainsi, prenant pour exemple le contrat de vente, nous dirons qu'au lieu de considérer l'obligation de payer de l'acheteur comme cause de l'obligation du vendeur et l'obligation de transférer du vendeur comme cause de l'obligation de l'acheteur, il est plus simple de considérer l'obligation du vendeur comme le résultat d'un contrat unilatéral et ayant pour cause la réception du prix, de même que l'obligation d'un emprunteur a pour cause la réception des deniers prêtés, et de considérer de même l'obligation de l'acheteur comme le résultat d'un autre contrat unilatéral et ayant pour cause la livraison de la chose par le vendeur, par analogie encore avec l'obligation du même emprunteur.

On comprend combien est plus simple que la théorie admise jusqu'alors, la théorie que nous proposons, qui cherche la cause d'une obligation sans s'inquiéter si elle émane d'un contrat bilatéral ou d'un contrat unilatéral. Ce n'est certes pas une justification suffisante, et nous montrerons que c'est la seule admissible en droit et en bonne logique, qu'elle est l'expression d'une vérité évidente.

Précisons d'abord le sens de nos prétentions. Pour nous, la cause d'une obligation est un fait et non un droit. Ainsi, la cause de l'obligation du vendeur n'est pas l'obligation de l'acheteur.

Disons, en passant, que le vendeur ne saurait chercher dans une personnalité étrangère la justification de ses propres actes, et si la théorie de nos adversaires était exacte, leur façon de parler serait du moins fort impropre, car ils devraient dire que la cause de l'obligation du vendeur est l'obligation de l'acheteur *envisagée au point de vue du vendeur*, c'est-à-dire le *droit* du vendeur. C'est dans ses propres droits et non dans les obligations d'un tiers qu'on peut chercher la cause juridique ou la justification de ses actes.

Mais nous ne voulons pas jouer sur les mots et nous entendons bien ce que veulent dire les auteurs quand ils prétendent que la cause d'une obligation, dans le contrat synallagmatique, est l'autre obligation ; ils nous feraient bien la concession de dire que la cause de l'obligation du vendeur est son droit au prix, au lieu de dire, comme ils ont coutume, que c'est l'obligation de l'acheteur de payer le prix, car, en somme, obligation et droit ne sont qu'un même lien envisagé à deux points de vue différents. Seulement, ce qu'ils veulent, c'est que ce soit ce lien qui soit la cause de l'obligation.

D'après nous, cela est faux. Ce n'est pas le droit du vendeur au prix qui est cause de son obligation, ce n'est pas cette faculté d'exiger légalement le payement de ce prix. La cause de son obligation, c'est le payement du prix, indépendamment du droit de le réclamer et indépendamment *a fortiori* de l'obligation de le fournir. C'est le payement du prix qui est la cause de l'obligation du vendeur, de même que c'est la réception des deniers qui est la cause de l'obligation de l'emprunteur.

Voilà ce que nous affirmons. Ce n'est pas nier qu'il y ait un certain rapport entre les deux obligations en présence dans le contrat synallagmatique, car cela n'est pas contestable. Ce que nous nions, c'est que ce rapport soit un rapport de causalité.

Nous avons dit que la cause de l'obligation du vendeur est le payement d'un prix. C'est là un fait absolument quelconque. Nous constatons que, dans le contrat synallagmatique, ce fait est lui-même l'objet d'une autre obligation ; ainsi, dans la vente, le payement du prix est l'objet de l'obligation de l'acheteur ; cela ne l'empêche nullement d'être cause de l'obligation du vendeur.

Ainsi, que trouvons-nous dans le contrat synallagmatique de vente ? Deux faits :

Un premier fait, le payement du prix, cause de l'obligation du vendeur et objet de l'obligation de l'acheteur ;

Un second fait, la délivrance de la chose, cause de l'obligation de l'acheteur et objet de l'obligation du vendeur.

Quelle conséquence veut-on tirer de ce que la cause de chacune des obligations puisse servir d'objet à une autre obligation, et où voit-on le rapport de causalité réciproque entre les obligations elles-mêmes? Car, enfin, il ne faut pas commettre l'erreur grossière de confondre l'objet d'une obligation avec l'obligation même!

Telle est notre thèse.

M. Baudry-Lacantinerie semble croire qu'une telle théorie confond la cause de l'obligation avec son objet, au moins dans les contrats synallagmatiques. Nous avouons que l'argument nous échappe. Comment voir la confusion entre la cause de l'obligation du vendeur : le prix ; et l'objet de cette obligation : la chose vendue? Comment voir la confusion entre la cause de l'obligation de l'acheteur : la chose vendue ; et l'objet de cette même obligation : le prix? — Tout au plus, M. Baudry-Lacantinerie eût-il pu dire que notre théorie confond l'objet d'une obligation avec la cause de l'autre. Mais nous ne voyons encore pas qu'il y ait là une confusion fâcheuse, qu'il y ait même une véritable confusion ; c'est la constatation d'un fait et d'un fait bien naturel. Quoi d'étonnant qu'un prix, une somme d'argent, ait un rôle dans deux obligations à la fois? car ces rôles sont fort compatibles. Il est payé par une personne, ce payement était l'objet d'une obligation. Il est reçu par une autre personne, et cette réception est la cause d'une autre obligation. Et nous faisons remarquer qu'il serait même inexact de dire que nous confondons la cause d'une obligation avec l'objet de l'autre ; ainsi que nous confondons la cause de l'obligation du vendeur avec l'objet de l'obligation de l'acheteur ; car la cause de l'obligation du vendeur est la réception du prix, et non le prix ; et l'objet de l'obligation de l'acheteur est la prestation du prix, et non le prix. Le prix lui-même n'est que matière, il ne peut être autre chose. La cause juridique d'une obligation ne peut être qu'un fait à l'occasion de cette chose ; ce sera par exemple la réception de cette chose ; de même que l'objet de l'obligation sera un autre fait à l'occasion de cette même chose (matière de l'obligation) : la prestation de cette chose. Or recevoir 100 francs ce n'est pas la même chose que payer 100 francs. Cette analyse nous semble bien réduire à néant l'objection de M. Baudry-Lacantinerie consistant à dire que nous confondons la cause de l'obligation avec son objet (1). Il est une autre objection d'apparence un peu plus sérieuse, à laquelle nous devons répondre.

« Sans doute, » dit M. Baudry-Lacantinerie, « le vendeur
» contracte pour avoir le prix et l'acheteur pour avoir la chose;
» mais le premier n'obtient le prix qu'en exécution de l'obli-
» gation de l'acheteur, et le second la chose qu'en exécution
» de l'obligation du vendeur. L'obligation de l'acheteur est
» donc un intermédiaire obligé entre le vendeur et le prix, de
» même que l'obligation du vendeur, entre l'acheteur et la
» chose. Le but immédiat que se propose le vendeur, est d'ob-
» tenir l'obligation de l'acheteur, pour arriver à toucher le
» prix en exécution de cette obligation ; de même que le but
» immédiat de l'acheteur est d'obtenir l'obligation du vendeur,
» pour arriver, par suite de l'exécution de cette obligation, à
» être propriétaire de la chose vendue; de sorte que l'obliga-
» tion du vendeur a pour cause celle de l'acheteur et récipro-
» quement. »

Analysant ces arguments nous y trouvons en substance ceci : la cause de l'obligation du vendeur est l'obligation de payer de l'acheteur, et non pas le payement lui-même; parce que obligation de payer et payement sont intimement et néces-sairement liés l'un à l'autre, on peut donc indifféremment les choisir pour but; or l'obligation précédant le payement, est plus immédiate et répond mieux à la définition de la cause : but immédiat et nécessaire.

Nous répondons à cela :

D'abord, que si l'on choisit, pour cause de l'obligation du vendeur, le fait, nécessaire pour arriver au payement, qui est le plus immédiat, on trouvera des faits encore plus immédiats que l'obligation de l'acheteur et que, logiquement, on devrait re-garder comme cause de l'obligation du vendeur. Ainsi pour

---

(1) On peut résumer dans un tableau les éléments de nos deux obligations.

	CAUSE.	OBJET.
Obligation du vendeur..	Réception du prix.	Prestation de la chose vendue.
Obligation de l'acheteur.	Réception de la chose vendue.	Prestation du prix.

s'obliger à payer le prix, l'acheteur devra forcément ouvrir la
bouche, s'il entend s'obliger verbalement, ou prendre une
plume pour écrire et signer s'il veut s'obliger par écrit. Il n'y
aurait donc aucune raison pour ne pas décider que la cause de
l'obligation du vendeur, c'est à dire le but immédiat par lui
poursuivi, soit de forcer l'acheteur à ouvrir la bouche ou à
prendre une plume et à la tremper dans l'encre. On voit à
quels résultats ridicules aboutirait cette subtile distinction sur
l'ordre chronologique des faits intermédiaires entre l'obligation
du vendeur et la réception par lui du prix de la vente.

Puis nous ferons remarquer qu'il est même fort contestable
que l'obligation de l'acheteur soit un intermédiaire nécessaire
entre l'obligation du vendeur et le payement du prix par l'acheteur; car nous pouvons supposer des cas où l'obligation de
payer et le payement seront concomitants, la première n'ayant
qu'une antériorité de raison, ce qui fait qu'elle ne serait plus
à proprement parler un intermédiaire. D'ailleurs nous pouvons
supposer que l'acheteur, après s'être obligé, n'exécutera pas
son obligation, ne payera pas. Dans ce cas, le payement n'ayant
pas lieu, on ne saurait dire non plus que l'obligation ait été
un intermédiaire destiné à conduire au payement.

Enfin M. Baudry-Lacantinerie reconnaît lui-même implici-
tement le bien-fondé de nos prétentions, quand il dit que
le but immédiat que se propose le vendeur, est d'obtenir
l'obligation de l'acheteur, *pour arriver à toucher le prix en
exécution de cette obligation;* car il indique ainsi que le but
poursuivi c'est l'encaissement du prix. L'obligation de l'acheteur n'est qu'un moyen d'atteindre ce but. C'est là précisément
ce que nous voulons faire admettre. L'obligation de l'acheteur
n'est pas un but plus immédiat que le payement du prix, c'est
seulement un moyen pour arriver au but immédiat : payement
du prix ou plus exactement réception du prix.

La réception du prix, c'est là la cause de l'obligation du vendeur. On pense bien, en effet, que le vendeur ne peut pour-
suivre comme but immédiat (cause), aussi bien que comme but
médiat (motif), qu'un fait offrant un intérêt pour lui. Bigot de
Préameneu le dit formellement, quand il exprime que la cause
est dans l'intérêt réciproque des parties ou dans la bienfaisance
de l'une d'elles.

En disant « ou dans la bienfaisance de l'une d'elles » le jurisconsulte pensait au contrat dit de bienfaisance c'est-à-dire à titre gratuit. Nous ne retenons que la première partie de la phrase qui a trait aux contrats onéreux, à la vente par exemple, que nous avons choisie pour nos explications.

Eh bien, l'intérêt du vendeur, où le trouvons-nous, sinon dans la réception du prix? Ce n'est pas, nous imaginons, dans l'obligation de l'acheteur, car si l'acheteur n'exécute pas son obligation et s'il est insolvable, de sorte que toute contrainte soit incapable de faire produire effet à son obligation, quel intérêt le vendeur aura-t-il à cette obligation? Aucun. L'obligation, nous l'avons dit et nous le répétons, ne vaut qu'autant qu'elle est exécutée. C'est non pas à l'obligation de l'acheteur, mais à l'exécution de cette obligation, que le vendeur est intéressé; c'est pourquoi, en partant de la définition de Bigot de Préameneu, nous concluons encore que c'est le payement, ou mieux la réception des deniers, qui sera la cause de l'obligation du vendeur.

Sans doute, on va nous répondre que notre argument eût valu dans une législation primitive, mais qu'il est sans valeur dans notre siècle où chaque jour nous montre la puissance du crédit, et où il n'est pas contestable que les commerçants attachent à la promesse d'une caution une importance considérable. On ne peut donc pas nier aujourd'hui, nous dira-t-on, qu'une promesse, une obligation, offre par elle-même un grand intérêt, indépendamment de son exécution, et la preuve c'est que l'obligation de la caution n'est pas normalement destinée à recevoir exécution, puisqu'elle n'est que subsidiaire.

Nous pensons que c'est là une illusion basée sur des mots. Si le vendeur peut, sous une forme ou sous une autre, accepter des cautions, ce n'est pas le cautionnement d'une personne quelconque qu'il estimera et qu'il recherchera, ce sera le cautionnement d'une personne solvable. — Ce qu'il cherche, c'est précisément à augmenter ses chances de toucher le prix qui lui est dû, d'une personne ou d'une autre peu lui importe. C'est une précaution qu'il prend pour se préserver contre l'insolvabilité possible de son acheteur. En un mot, il montre davantage par là combien il attache de prix à la réception même des deniers qui lui sont promis. Si la promesse de l'acheteur était son seul but, il aurait toujours satisfaction et il n'aurait pas besoin de toutes ces précautions.

Dira-t-on que, si l'obligation du vendeur avait pour cause l'exécution de l'obligation de l'acheteur, comme nous le prétendons, le vendeur n'aurait pas besoin de prendre toutes ces précautions, car en cas d'inexécution, sa propre obligation étant sans cause tomberait, il ne courrait aucun risque. Cet argument mérite à peine qu'on s'y arrête. L'article 1184 établit formellement la résolution tacite pour le cas d'inexécution de l'obligation d'une des parties, de l'acheteur par exemple, et cependant la garantie des cautions a toujours son utilité. C'est grâce, en effet, à ces garanties accessoires que le vendeur pourra obtenir, le plus souvent, l'exécution d'un marché dont la réalisation lui est plus avantageuse que la résolution. Donc on s'explique l'utilité des sûretés personnelles, dans notre thèse aussi bien que dans toute autre, et l'influence du crédit ne contredit nullement notre théorie qui consiste à nier que l'obligation de l'acheteur soit cause de l'obligation du vendeur, et réciproquement.

Ce qui, mieux que tout autre raisonnement, montre qu'il n'est pas admissible que, dans le contrat synallagmatique, l'obligation de l'une des parties ait pour cause l'obligation de l'autre, c'est l'examen des conséquences logiques qui résulteraient de cette théorie.

Supposons, en effet, que l'obligation du vendeur ait bien pour cause l'obligation de l'acheteur. Le vendeur pourrait, à tout instant, être sommé d'exécuter son obligation ; l'acheteur pourrait du reste être aussi sommé de payer son prix. Mais aussitôt que l'une des parties aurait exécuté son obligation, l'autre pourrait refuser d'exécuter la sienne, en prétendant qu'elle est désormais sans cause ; ainsi le vendeur qui aura reçu le prix dira à son acheteur : par le payement, vous avez exécuté votre obligation, donc vous l'avez éteinte, et comme c'était cette obligation qui était cause de mon obligation envers vous, mon obligation est aujourd'hui sans cause, je la déclare nulle et je n'exécute pas.

De sorte que acheteur et vendeur sont en droit d'exiger constamment l'un de l'autre les prestations dues, mais malheur à celui qui exécutera le premier ; car il éteindra du même coup, non seulement son obligation, mais son droit, puisqu'il détruit la cause de l'obligation de son co-contractant, et par conséquent il est dupe de sa bonne foi.

Quant à l'article 1184, il est un non-sens. Il établit, en effet, qu'en cas d'inexécution de la part de l'une des parties, dans le contrat synallagmatique, l'autre peut demander la résolution en vertu d'une clause résolutoire tacite. Et sur quoi donc repose cette résolution ? Sur ce que l'obligation du vendeur est sans cause si le prix ne lui est pas payé par l'acheteur?

Mais vous prétendez que la cause de l'obligation du vendeur réside dans l'obligation de l'acheteur; or, cette obligation n'existe jamais tant que lorsqu'elle n'est pas exécutée. Si elle était exécutée, elle n'existerait plus, et c'est alors seulement que l'obligation du vendeur serait sans cause.

Ah ! si vous admettiez avec nous que l'obligation du vendeur a pour cause l'exécution de celle de l'acheteur, les choses se comprendraient mieux, car alors le défaut d'exécution d'une des parties est réellement l'anéantissement de la cause de l'autre obligation.

Une dernière objection que nous prévoyons est celle-ci : on nous dira que si la cause de l'obligation d'une des parties est l'exécution de l'obligation de l'autre, le contrat ne sera jamais productif d'obligation, car l'obligation du vendeur ne prendra naissance que si elle a une cause, c'est-à-dire si l'acheteur a payé, et l'obligation de l'acheteur ne prendra naissance que si elle a une cause, c'est-à-dire si le vendeur a livré ; de sorte que les obligations ne pourront prendre naissance qu'au moment où elles seront réciproquement exécutées ; donc, elles ne pourront naître que lorsqu'elles seront éteintes, ce qui est absurde.

Nous répondrons, d'abord, que si l'on suppose que l'obligation de l'une des parties a pour cause l'obligation de l'autre, comme l'admet l'opinion que nous combattons, l'objection subsiste, car, pour qu'une obligation prenne naissance, il lui faudra toujours une cause, c'est-à-dire qu'il faudra que l'autre obligation existe déjà et par conséquent qu'elle l'ait précédée ; or, cette première obligation n'aura pu prendre naissance que si elle-même avait une cause, c'est-à-dire si l'autre obligation l'avait précédée. Donc, dans ce cas encore, les obligations ne pourraient naître qu'à la condition d'avoir été réciproquement précédées l'une par l'autre, ce qui ne nous permet pas de sortir du cercle vicieux où nous sommes engagés. Et, de ce fait, nous trouvons nos adversaires mal inspirés en nous faisant l'objection.

Pour nous, voici comme il faut envisager la question :

La cause de l'obligation du vendeur, par exemple, est le payement du prix fait par l'acheteur. L'obligation naîtra dès le contrat, parce que, par une fiction basée sur la bonne foi présumée des parties, l'acheteur sera censé avoir effectué le payement dès l'instant où il y a consenti, et c'est seulement s'il refuse de payer dans la suite, dans le délai moralement nécessaire, que le payement sera considéré comme absent, et, par suite, l'obligation du vendeur sans cause et nulle. De même, dès le contrat, le vendeur est censé avoir fait livraison, et le contraire ne sera admis que si, dans le temps fixé par les usages ou sur l'invitation de l'acheteur, il a refusé de livrer.

En un mot, on suppose, par une fiction, que le transfert, tant de la chose que du prix (nous entendons non seulement le transfert de propriété, mais la remise réelle), est effectué dès l'instant du contrat, et l'obligation des parties n'est plus qu'une obligation de bonne foi : le vendeur doit bonne foi à l'acheteur et l'acheteur doit bonne foi au vendeur. Si l'un des deux est de mauvaise foi, cette mauvaise foi a pour effet de détruire la fiction et de contester la réalité des transferts supposés faits. Les causes des obligations disparaissent et les obligations elles-mêmes tombent.

Nous croyons que cette explication, quelque subtile qu'elle puisse paraître, est cependant l'expression de la vérité. C'est la seule, que nous sachions, qui fasse sortir du cercle où nous étions engagés, et c'est là déjà un avantage sérieux. En tout cas, serait-elle contestée, que cela ne modifierait en rien notre théorie sur la cause et ne serait point un argument à nous opposer, puisque nos adversaires, ainsi que nous l'avons démontré, tombent sous le coup de la même objection.

Pour terminer cette étude, nous dirons que l'opinion que nous avons combattue de notre mieux par des arguments d'ordre assez divers devait *a priori* être écartée comme contraire au bon sens. « Dans les contrats synallagmatiques, l'obli-

gation de l'une des parties a pour cause l'obligation de l'autre, »
nous dit-on.

Pour montrer toute l'inanité de cette proposition, nous ferons remarquer une seule chose, mais décisive, c'est que, pas
plus en droit qu'en philosophie, car il n'y a pas deux logiques,
il n'est possible de concevoir un rapport de causalité réciproque
entre deux faits, c'est-à-dire un rapport de causalité qui per-
mette que l'effet d'une cause puisse être lui-même la cause de
sa propre cause.

TOULOUSE. — IMP. A. CHAUVIN ET FILS, RUE DES SALENQUES, 28.